Ellen und Rolf Vogt

SAURE DROPS

Eine Hasengeschichte

Lappan

Vor der Osterhasenstadt
liegt ein Feld mit Kopfsalat,
denn die Osterhasen lieben
Kopfsalat wie gelbe Rüben.

In dem Feld mit Kopfsalat
fraß sich mal ein Hase satt,
der kein Osterhase war.
Viel fraß er, sehr viel sogar,
ja, er fraß Salat wie wild –
und das unter diesem Schild:
»Hier ist fremden Hasenpfoten
das Betreten streng verboten.«

Während er so saß und fraß
bis er einen Bauch besaß
wie ein riesengroßer Klops,
stieß er auf den Hasen Hops,
und zwar plötzlich mit der Nase.
Hops – ein echter Osterhase
aus der Osterhasenstadt –
fraß auch von dem Kopfsalat.

Als der Nasenstüber kam,
fühlte er sich erstmal lahm.
Danach hoppelte er weg,
kopflos fast vor lauter Schreck.

Auch der Fremde war erschrocken,
hustete Salatrestbrocken.
Dann bekam er Nasenbluten,
schleppte sich noch zwei Minuten.
Dann hat er sich legen müssen,
unterm Kopf Salat als Kissen.

Als der Fremde da so lag –
Augen zu am hellen Tag,
Ohren über den Salat
in den Hasentrampelpfad –
kam die Osterhasenstreife.

Sie beschaute sich die Reife
Kopf für Kopf vom Kopfsalat.
Einer von den Hasen trat
dabei plötzlich mit dem Lauf
auf die Ohren mittendrauf.

Während noch der Fremde schluckte
und vor Ohrenschmerzen zuckte,
schrie der Streifenhase laut,
denn er hatte hingeschaut:
»Ohren liegen hier herum!«
Dann fiel er in Ohnmacht um.

Die zwei Streifenhasen wußten,
daß sie hier schnell handeln mußten.
Sie beschlossen heimzurasen
mit den beiden Unfallhasen.

Mochten beide sie auch drücken:
Hase kam auf Hasenrücken

in die Osterhasenstadt,
die zwei Sanitäter hat.

Danach ging es ans Verhör,
wer der fremde Hase wär.

Wieso lag er im Salat?
Wer der Nase etwas tat?
Und der Schmerbauch, den er hatte,
der bestand doch nicht aus Watte!?
Kam der nicht von frischgeklautem,
mit viel Mühe angebautem,
zur Verpflegung dieser Stadt,
Osterhasen-Kopfsalat???

Solche Fragen kamen vor,
und der Fremde war ganz Ohr.

Bloß, daß er kein Wort verstand,
denn er kam aus fremdem Land,
wo man völlig anders spricht.
Osterhasen gibt's da nicht.
Beispielsweise Hühnerei
heißt dort Muckenknuckenknai.

Hat der Fremde sie verkohlt?
Man hat Hops herbeigeholt,
denn er galt als sehr gelehrt.
Hops hat alles aufgeklärt,
brachte Licht in diese Sache.

Nasenbluten, Bauch und Sprache –
alles, alles kam nun auf.
Auch der lange, bange Lauf,
den der fremde Hase machte
und der ihn zu ihnen brachte.

Tagelang war er gerannt
aus dem weitentfernten Land,
um den Jägern zu entkommen,
die ihn schon aufs Korn genommen
mit Gewehren und mit Fallen,
Hundezähnen, Hundekrallen,
ohne Warnung – frisch gewagt – –

Da ist er davongejagt!

Dabei hat er alles Fressen
aufgegeben und vergessen.

Als er das Salatfeld sah,
war der Kohldampf plötzlich da.
Nirgends Jäger – keine Zäune –
Hunde artig an der Leine –
rundrum alles frei und schön!
Zwar war auch ein Schild zu sehn,
doch ganz klar: Hier stand auf Schildern
im Salat: »Hier darf man wildern!«
Denn was sollte sonst drauf stehn?
Hier war alles doch so schön – –

In dem Osterhasenkreise
war es nach den Worten leise.
Schließlich sprach der Hase Hops:
»Alles ist wie saure Drops.
Auch das Leben hier zeigt dies:
Nichts ist ganz alleine süß
und nichts ganz alleine sauer.«

Das erklärte er genauer,
denn er sagte nun geschwind,
was die Osterhasen sind.
Sprach von Ostern und von Gaben
und was sie zu tun dran haben,
von der Malerei am Ei,
und wie wenig Zeit noch sei,
und daß Eiermaler fehlen.
Dann ließ er den Fremden wählen:
»Wieviel Eier willst du malen,
um für den Salat zu zahlen?«

Und dann haben sie geschaut,
denn der Fremde sagte laut:
»Viele Eier will ich malen,
um für den Salat zu zahlen.«

Und dann malte er gleich los.
Und dann schaute er ganz groß,
denn er war so ungeschickt.
Ei um Ei hat er geknickt.
Malte krumm und malte schief,
und die Farbe lief und lief
von dem Pinsel, von dem Ei.
Es war eine Schweinerei.
Mal gelang ihm einmal eins,
und dann wieder lange keins.
Rührei gab's zu jeder Zeit.

So was wird man auch mal leid.
Statt die Eier schön zu färben,
sah er überall nur Scherben.

Plötzlich stand der Fremde auf,
stieg zur Oberhöhle rauf,
legte sich und ruhte aus,
sah in Licht und Luft hinaus.
Und auf einmal kam's ihm ein:
Ich will Osterhase sein.

Dann hat er sich angestrengt,
halb die Pfoten ausgerenkt,
um die Eier oben, unten,
vorn und hinten zu bebunten.
Und auf einmal war zu sehn:
nicht nur bunt sind sie – auch schön!
Rundherum hat man gestrahlt.
Bald war der Salat bezahlt.

Doch es gab noch viel zu tun.
Was war mit dem Fremden nun –
wurde er jetzt fortgejagt?

Und so hat er klar gefragt:
»Darf ich, bitte, bei euch bleiben –
oder wollt ihr mich vertreiben –
darf ich Osterhase sein?«

Niemand sagte darauf »nein«.
Doch auch niemand sagte »ja«.

»Bleib halt mal bis Ostern da«,
sagte Hops, »und mal noch mehr.
Was du malst, gefällt uns sehr.«

Osterhasen – Hops voran –
kamen dann nach Ostern an.
Hops mit Pinsel in der Pfote.
»Du bekommst das feuerrote«,
sagte Hops und trat hervor,
»Osterhasen-O ins Ohr.
Und das Eiermalerei
für die Eiermalerei.«

Nun war er kein Fremder mehr.
Nun gehörte er hierher.
In die Osterhasenstadt,
zu dem Hops und dem Salat.

Nur noch in dem Land der Träume
wechselt er die Lebensräume.
Das kommt manchmal so beim Malen.
Dann träumt er auf Eierschalen:

Kohlfeld in der Dämmerung –
darin Hasen – alt und jung –
voller Mut und voller Stolz –
Bau im dichten Unterholz –

Sonnenstreifen im Geäst –
und im Gras ein
MÖHRENFEST!

Jäger, die auf Hasen lauern –
Hasen, die das nicht betrauern –
die den Jägern Haken schlagen,
»bätsch« in Augenwinkeln sagen
und mit einem Sprung entwischen,
wenn die Feuerkugeln zischen!
Und der mutigste von allen
überspringt sogar die Fallen,
längst entdeckt im tiefen Grase – – –

Stolz ist jetzt der Osterhase
auf sein wildes Hasenleben –

doch auch auf sein Malen eben,
das er immer schöner kann.
Staunend sieht er sich das an –

doch auch manchmal aufgewühlt,
weil er plötzlich Heimweh fühlt.

Dann geht er zum Fels im Meer
mit dem Himmel ringsumher.

Und dann sitzt er da und schaut
in das Leise und ins Laut,
in das Nahe und ins Weit
eine Zeit –

Hört in allem, was er sieht
und was alles so geschieht,
seinen Freund, den Hasen Hops:
Alles ist wie saure Drops.
Überall gibt es zwei Seiten,
schon seit Meer- und Himmelszeiten.

Und er geht den Hops besuchen.
Statt Salat und Möhrenkuchen
gibt es bei dem Hasen Hops
ausnahmsweise   ....!